助宗明神私記

新妻郁男

1　助宗明神　昭和 48 年（1973）

2　助宗堤　昭和 48 年（1973）

3　助宗堤　昭和 48 年（1973）

4　助宗堤　平成元年（1989）

5　助宗明神　平成元年（1989）

6　助宗明神　平成元年（1989）

7　堤のほとりの山道から助宗明神に上る段々。
神社の赤い屋根が見える。平成 18 年（2006）

8　助宗堤の入口にある案内板　平成 18 年（2006）

助宗明神私記　目次

まえがき

福島県大熊町に日常の平穏な時間が流れていた頃の平成十九年に、町の図書館から町内の民話を集めた『おおくまの民話』という本が発行された。その中に小良浜《おらはま》地区に伝わる「助宗明神物語」という説話が載っている。

小山の上に水を湛えて静まり返る灌漑用溜池の助宗堤と堤の恩恵を受ける里人、その里人の祭る助宗明神の三者の織り成す小さな物語である。助宗とは人名で、江戸時代の元禄、正徳の頃に生きた相馬藩士新妻助宗《にいつますけそう》のことである。

今回上梓した『助宗明神私記』は助宗明神についての私の回想記である。内容のおよそは、これまで目に触れた助宗明神に関する記事や実地の見聞を縦糸にして、その時々の思いを綴ったものである。

大震災前は、私という存在は有限であるが、助宗明神物語はこれからも永く語り継がれていくだろうと思っていたので、付加して何かを書くという気持は湧いてこなかった。それが一転して、このような文章を書くことになったのは、原発事故の災厄の深刻さであった。町民はことごとく故郷を放逐され、四分五裂し、苦難の人生を強いられている。そして民話の里は今や野猪の横行する荒れ地となり、助宗堤も助宗明神も正に滅びようとしている。日本人の心の美しさを物語る民話と思っていただけに無念遣る方ない。記憶に残す手立ての一つにでもなればと思い書き上げた。

平成二十六年十一月

新妻郁男

助宗明神私記

序章 ― 口伝の秘事

その夜のことは、長い年月が過ぎた分だけ、夢の中の出来事のように思えてくる。昭和十七年（一九四二）の夏休みも間もなく終わろうとする八月十八日のことである。私は夕食後父に座敷に呼ばれ、正座させられ、これからご先祖様の話をするといわれた。

私はその時十一歳で、福島県相馬郡中村町の国民学校初等科（現在の小学校）の六年生だった。中村町は相馬氏六万石の城下町である。第二次大戦後の昭和二十九年に、周囲の六ヶ村と合併し、相馬市となった。

父の話は思ったより短時間で済んだ。しかし話されたことは思いもよらないものだった。聞き終わった時、私は名状しがたい感情に襲われた。話とは以下のようなものだった。

江戸時代の元禄の頃の先祖に、助宗《すけそう》という者がいた。藩命によって、相馬藩領の南端の海岸寄りの丘の上に、灌漑用の堤を二つ隣り合わせに造ったが、二つとも水の落ち口が海の方を向いていたので、完成時に検分にやってきた城の役人に、海にそそぐ気かと叱責され、謹慎を命じられた。助宗は責任を取り、その夜切腹して果てた。堤の築造のために、ともに働いた近郷の百姓たちは、助宗の死を悼んで、二つの池を見下ろす丘の上に小さな神社を建て、その霊を慰めた。

最後に、父が付け加えるようにいった。この一件は藩の勇み足と見なされたようで、藩の正史はもとより、関連する類書にも、一切載っていない。藩に提出した家譜の写には助宗の名前はあるが、事件についての記載はない。事件の存在は、新妻《にいつま》家の秘事として、代々口伝によって引き継がれてきたものである。したがって口外無用である。

話が終わって一人になり、ひとときの興奮がおさまると、私は当時大事なことを書き留めるために使っていた黒い布張りの表紙の手帳に次のように書いた。

先祖　新妻助宗　　昭和十七年八月十八日書
助宗明神　　新妻助宗祭　　浪江付近

日付の昭和十七年八月十八日は、第二次大戦が始まって八ヶ月、国民はこぞって緒戦の勝利に酔いしれていた。しかし、六月五日のミッドウェー海戦で日本は大敗し、主力空母の赤城、加賀、蒼龍、飛龍が撃沈された。この敗北を機に中部太平洋の制海制空権が逆転し、日本敗戦の転回点となった。

そのような時世だったので、初等科生徒のわれわれも、戦死した英霊を駅に出迎えるなど、死は現代よりはるかに身近に感じられていた。それでも切腹といったことは、忠臣蔵のような世界の出来事であって、自分には縁の無いことだと思っていた。というよりは、父の話がなければ、意識にのぼることもなかった事柄であった。それが事もあろうに、わが先祖に腹を切って果てた者がいたというのである。

その夜、私は夢を見た。私は人影のない桟敷《さじき》席のような場所に腰を下ろしていた。

すると左手から一人の侍が現れた。侍はこちらに向かってゆっくり歩いて来ると、私の目の前に後ろ向きに座った。そして一瞬身震いしたと思ったら、右手の襖にざっと音をたてて鮮血が飛び散った。夢の中で、そこだけが赤く見えた。血は次の瞬間、幾筋もの線となって、襖の表面を流れ落ちた。何時の間にか、私の居る場所が桟敷席から自分の家の座敷に変わっていた。夜中に私は何度も目を覚ました。

秘事から伝説へ

学業を終えると、私は仙台に住み、そこで家庭を持った。そしてあの少年の日から三十一年が過ぎた昭和四十八年（一九七三）の秋のことである。相馬に帰省した私は、父から一冊の本を貰った。最近父が地元の相馬郷土研究会から出版した『相馬方言考』の改訂版であった。

読み始めて間もなく、私は息を呑んだ。冒頭部分の岩崎敏夫先生の推薦文の中に、何とわが家の秘事の助宗神社のことが書かれていたのである。それもいともあっさりとである。

ここで、余談になるが、『相馬方言考』の成り立ちについて若干触れると、初版が出版されたのは、父が二十七歳の昭和五年（一九三〇）であった。謄写版刷りで五十部作成し、学者や同好の士に配った。その進呈先の一人に東京帝国大学の言語学の東条操教授がいた。教授は雑誌『方言』（昭和七年三月号）で、解題付きで紹介し、好意的批評を述べられ、若い父を感激させた。

戦後になって、学問が復権したこともあってか、昭和二十年代から三十年代の初めにかけて、二、三の大学の先生から、この本についての照会があった。中には現物を是非見たいからと相馬までわざわざ訪ねてこられた先生もあった。

しかし、出版が昭和初期という何分古い時代の本なので、昭和四十年代の頃は忘れ去られた本になっていたようである。ところが昭和四十七年から五十一年にかけて、小学館から、『日本国語大辞典』が出版され、付録として付された語彙の主要出典一覧の中に、『相馬方言考』の名が挙げられるということがあった。それを相馬市内の二、三の人が見つけ、これまで存在すら知らなかったが、そのような本があるのなら、この際覆刻したらどうかと慫慂された。

父の気持は動いたが、昔のままの形で再刊することには消極的だった。『相馬方言考』は、かなりの年月の中で、既に一定の役目は果たしたと思っていたからである。それで考えたのが、小話《しょうわ》風の用例百話を新しく加えるなどして、内容を親しみ易く、より奥行きのあるものにすることだった。これなら新しく本を出す意味もあるだろうと父は思ったようである。

かくして、一年の準備期間を経て、昭和四十八年十月十日に、『相馬方言考』の改訂版は出版された。序文を福島大学のさきの学芸部長の和田甫氏が、推薦の言葉を前相馬高等学校長で相馬郷土研究会代表の持舘泰氏と東北学院大学教授の岩崎敏夫先生のお二人が書かれていた。

岩崎敏夫先生は、私の相馬中学・高校時代の恩師であった。先生は昭和三十七年に『本邦小祠の研究』で、国学院大学から文学博士の学位を授与された。昭和四十三年に相馬女子高校を退職し、東北学院大学の教授になられた。

ここで話を先生の推薦文に戻すと、とにもかくにも新妻助宗神社（以下「助宗神社」と略称）の存在を、相馬地方の人々に知らせることになった、恐らく最初の文章ではないかと思われるので、先ず以てその全文を引いてみる。

私が新妻三男氏の方言考を高く評価する所以の一つは、何よりも氏自身が相馬方言の伝承者だということである。もともと新妻家は、相馬中村藩の藩士として大そう古い家柄であり、代官も出したし、二宮御仕法に活躍した人も出している。このあいだ双葉郡大熊町の助宗堤と呼ばれる大きな用水池を見に行ったが、ここは旧中村藩領で、堤のすぐ傍の丘の上に小祠があって、名は助宗神社とあった。聞けば元禄の頃かに、新妻助宗なる者が村民の為に用水堤を築いた。然るに為にする者でもあったものか、海岸も近い所にこんな大きな池は不要だと藩の重役から文句を云われた。一徹の彼はこれを大いに恥として自刃して果てたのを村民が神に祀ったというのである。この硬骨漢も新妻家のそう遠くない先祖の一人である。

相馬は武士道精神と、後には報徳精神も加えて指導精神とした藩であるが、御家中言葉と呼ばれる一種特別な礼儀正しい武家言葉が用いられていた。それは近年まで続いていたが、武家の男の子をわこ（和子）といい、女の子をおご（御子）

と云う類で、私なども子どもの頃までよく耳にすることのできたものである。しかし今は知る人も少くなり、昔のまま伝えているとすればごく少なく、新妻氏などその貴重な存在の一人である。

それに氏は高等学校の国語の先生であったから、収集した方言はむろん家中言葉だけでなくひろく相馬方言の全般におよび、その調査研究は詳細をきわめ論考は正確である。私も相馬の生れで相馬に育ったから、それにやはり国語の教員もしていたので相馬の方言も少しはわかるし第一著者の言われていることはよく理解できる。「相馬方言考」こそ相馬方言の集大成として世に残るまたとない好資料と思われる。相馬人のみならずひろく方言研究に興味を抱く人々のよい伴侶となることと思われる。

昭和四十八年五月

岩崎敏夫

読み終えると、私はすっかり拍子抜けしてしまった。助宗切腹の一件は、先祖代々、一家の秘事と心得て、口外しないよう言行を慎んできた。その三百年の緊張の殻が、この一瞬に弾け飛んでしまった。

そして、こうなって見ると、助宗神社訪問を延引してきた自分の怠慢が悔やまれた。岩崎先生の『本邦小祠の研究』に助宗神社は載っていなかったので、いずれ私が訪ねるのだと思い込んでいた。しかし、このように先生に先を越されてしまっては、現地訪問を急ぐしかなかった。

一方父も、この推薦文によって、秘事のしばりから解き放たれたようである。この時から助宗のことを短歌に詠んだり、エッセーの中で触れたりするようになった。そもそもこの切腹一件が、新妻家において秘事とされたのは、藩に対する遠慮からと思われる。藩士にとって藩は絶対の存在である。その藩が事実を伏せるのであれば、藩士は口をとざすしかない。そのような上下の意識は、藩が解体したあとも、華族制度に支えられるなどして、目に見える形で残っていた。

そして敗戦である。国家・社会は大きく変化する。その変化と歩調を揃えるかのように、一家の秘事は、私や父の知らぬ間に、徐々に社会化され、既に伝説になっていたのであった。

初めて訪ねる

そんな経緯もあって、私はその年（昭和四十八年）の十二月中旬に、助宗神社を訪ねることになった。先ずは場所の確認である。これまで分かっていることは相馬藩領南端の大熊町の海寄りの地域である。私は国土地理院の当該地域の載っている五万分の一地図を求め、小高い丘の上にある隣接する二つの溜池を探した。すると同町の小良浜地区に難なく見つけることが出来た。

以下はその日の日記である。

《昭和四十八年十二月十三日》

助宗堤を初めて訪ねる。仙台発九二三の急行「もりおか」は空いていた。大野着一〇五一。タクシーの運転手に地図を見せ、目的地へ向かう。熊町の集落を過ぎて坂を下ると、タクシーは見当をつけて、左手の小山に登る山道に入る。坂を登り切って尾根筋に出ると間もなく堤の入口に着く。一時間後の十二時十分に迎えに来るように頼んでタクシーを帰す。

入口の藪の切れ目から南方向に入ると、直ぐに人工のものと分る幅の広い直線状の土手に出る。二つある堤のうちの第一の堤の堰堤で、右手に林に囲まれた大きな堤が水を湛えて広がっていた。

土手上の道は、間もなく山道となり、上り気味に南に延びている。そしてその左手には更に大きな堤が林の中に広がっていた。その第二の堤の水辺に沿って山道を行くと、右手の小山の斜面に、道から上る段々が刻まれていた。ここだろうと思って上ると、助宗神社の前に出た。神社は松の疎林の奥まったところに、ひっそりと建っていた。私の身長に満たない小さな神社だった。中に棟札が見えたので、覗いてみると、新妻助宗神社の文字が見えた。

周りが牛の放牧場になっているので、神社の境内は有刺鉄線で囲まれていた。神社のある場所からは二つの堤を見下ろすことが出来た。堤には男堤、女堤の名があると聞かされたが、どちらがどうなのか分からない。

晴れた風の冷たい日だった。カメラを持つ手がかじかんだ。

大熊町は、原発が建設中で、新開地らしい雰囲気の町だった。帰りの電車を待つ間、駅前のコーヒー店で過ごす。

十二時四十五分発の相馬止まりの「ときわ」に乗車、乗り継いで帰仙する。


仙台からはるばるやって来て、山の上に水を湛えている二つの大きな堤や、樹林の中にひっそりと建っている助宗神社の景観を目の当りにすると、助宗のことはもとより、助宗の前後に名を連ねる先祖のことまで、あれこれと偲ばれてきて、しみじみとした気分になった。

そして同時に、封建の昔に建てられた神社が、今このように在ることに感動した。建てては朽ち、朽ちては建て、何回建て替えたことか。私は神社を守り続けてきた山麓の人を思い、胸が熱くなった。

一枚の地図

昭和五十九年（一九八四）一月に父が死去した時、相馬郷土研究会から、遺稿があれば、機関誌の『相馬郷土』の追悼号に掲載したいので調べて欲しいと頼まれた。それで仙台相馬間を何回か往復して、生家の父の机辺や本箱など思い当たるところを探してみた。だが遺稿として提出できるほどのまとまったものは発見できなかった。

ところがその時、思いがけないものが出てきた。父が助宗神社を訪ねた時に作成した手書きの地図であった。Ｂ４判大の藁半紙に、歩いた道路や世話になった人の名前などが万年筆で丹念に書き込まれている。早い時期に父が訪ねていたことを私は初めて知ったのである。

訪ねた日は昭和二十八年（一九五三）十一月一日である。敗戦の年から八年目で、日本はまだ復興の途上にあった。地図が書かれていた用紙が藁半紙というのも如何にも時代を象徴しているように思えた。

　地図に記された書込みを逐一見て行くと、自動車が普及する前の徒歩の時代の探訪の苦労が、改めて偲ばれてくる。まず平に用務があり、その帰途に立ち寄るとある。すなわちその日は、常磐線の富岡町の夜ノ森駅で途中下車し、駅長の佐藤忠雄氏から自転車を借りて、午後三時から六時までの三時間かけて歩いている。日没の早い季節で、時間の後半は暗がりの中を行くことになったと思われる。

　歩いた道は、赤い色鉛筆でなぞっているので、辿った道筋が分かる。ざっと眺めると夜ノ森駅を出発して国道に出て北上し、熊川という川を越えたところで右折し、熊町小学校と熊町中学校の傍を通って、熊川の集落まで行き、南下して橋を渡り、小良浜地区に入っている。そこから丘の上の道を、これまでとは逆に、西方向に行くと途中に助宗堤がある。助宗堤までの案内は地元の坂本勘助氏の世話になったと書いてある。坂本氏の屋敷は、父の地図によると、助宗堤のある丘の海岸寄りの麓にある。恐らく、道を尋ねるなどして、そのまま案内されたのではないかと思われる。

助宗神社については、「氏神様程度の小祠」とその印象を述べている。助宗明神はまた「助宗様」とも呼ばれているとのことであった。そして神社の由来に詳しい人として、夫沢《おっとざわ》の神官の方の名前が記されている。

当時この辺りは、大野村と合併する前なので、熊町村といった。話が横道にそれるが、地図の書込みに、常磐交通バスの、大野駅から小良浜を経由して富岡町に至る路線が、二日後の十一月三日に開通とあり、時代の変化が感じられた。

顧みて残念に思うのは、助宗一件について、父とゆっくり話をする機会がなかったことである。岩崎敏夫先生の推薦文が世に出てからは、万事オープンになり、私も父も気分的に楽になったので、何かと話す機会はあった筈である。しかしその機会を得ぬまま父は鬼籍の人となる。返す返すも残念であった。せめてもの救いは、私が最初に訪ねた時に撮った助宗神社の写真を、父が私家版の短歌集の口絵写真に使ってくれたことだった。

二つの流れ

助宗神社を初めて訪ねた年から数年が過ぎた昭和五十四年（一九七九）のことである。私は福島市内の老舗の書店で本を二冊求めた。福島民報社から発刊されて間もない『道ばたの文化財―ふくしまの心をたずねて―』の正編と続編である。

この本は正続ともに、書名のとおり、福島県内の路傍の隠れた文化財に光をあてた力の入った本で、一つの文化財を原則一ページに、記事と写真を組合わせて、簡潔に紹介したものである。

本を求めてから二、三日経った頃、続編のページを眺めていて一瞬目を疑った。「助宗明神」なる項目があったのである。サブタイトルに「土木建築技師のパイオニア」という文字が見えた。そして写真には、昭和四十八年に初めて訪ねたときに見た助宗神社の建物が写っていた。解説文はそう長くないので、これも全文を引用してみる。

双葉郡大熊町の小良浜近くに大きな二つの堤がある。その堤に流れる水は、今も地域のかんがい用水として役立っている。西に位置する堤を男堤、これと対応するのを女堤と呼び、この二つの堤はトンネルで結ばれている。この堤は、正徳年間（一七一一～一七一五）に相馬藩に仕えた新妻助宗《すけそう》が築いたものである。

助宗の家は、代々堤や堀、切り通しなどを造る家柄で、土木工事の技術にすぐれていた。助宗は藩命によりこの堤を築いたが、完成した時、工事の完工ぶりを見にきた藩の吟味役は、海に向かって造られた大きな堤を指さして「海に注ぐために造ったのか」と怒鳴り、「謹慎して藩命を待て」といい残して帰っていった。

一言の弁明の機会さえ与えられなかった助宗は、その責任をとって自分が築いた堤の上で切腹して果てた。しかし里人にとってこの堤は大変ありがたく、堤に小さな祠を建て助宗の霊を祀った。そして助宗が没した旧正月十五日を祭日とし、赤飯をたき霊を慰めている。

述べられていることは、十一歳の時に父から聞いた話とほぼ同じものだった。わが一家の秘事を、われわれのまったく知らない人たちも伝承していたのである。

切腹は侍のしきたりである。恥辱を受ければ是非もない。しかし「里人」は、その侍の霊を慰めるため、神社を建てた。そして三百年もの長い間、何代にもわたって、祭祀を絶やすことなく守り続け、かつ「助宗明神物語」を綿々と語り継いできたのである。私は胸がつかえ、声が出なかった。

訪問を重ねる

そしてその翌年の昭和五十五年（一九八〇）の五月五日、その日はたまたま五の数字の重なる日になったが、小学六年生の次男と助宗神社を訪ねた。四月に高校に進学した長男も来る予定だったが、入部したフェンシング部の稽古が連休中もあるというので来られなくなった。家内は切腹という言葉に怯えて初めから行かないといっていた。それでやむなく次男との二人旅になった。

一日中曇っていたが、降られることもなく、まずまずの探訪日和だった。初訪問のときと同じように、堤の周りの山道を少し歩き、丘の上の助宗神社にお参りした。参道から神社にかけては綺麗に刈り払われていたが、周りの藪は前より茂っているように見受けられた。

男堤、女堤ともに、季節なので、落ち口から水を落していた。水は谷状の地形を伝って、海の方角に向かっていた。

入口に近い堰堤の一角に腰を下ろして、そんな風景を眺めていると、山菜採りの若い夫婦が通りがかり、われわれを土地の者でないと見て話しかけてきた。「仙台から来ました」と次男が答えると、夫の方が教えるような口調で「切腹した堤だ」といった。

若い夫婦が立ち去ると、次男が「みんな知っているんだね」といった。

この日の息子同道の訪問を機に、その後も自然訪ねるようになった。そして平成十八年（二〇〇六）の二月十二日（旧暦正月十五日）には、念願の命日訪問を果たすことが出来た。

この年のことと思うが、堤の入口に大きな案内板が建っていた。珍しく助宗の父の助惣についても記されていた。助惣はこの地方の代官を務め、長年の功労により新知五十石を賜っている。そんなことが書かれていた。このことは『衆臣家譜』や『相馬藩世紀』に載っている。

めぐり合い

話は変るが、平成二十年（二〇〇八）六月二十五日、南相馬市の郷土史家のKさんに誘われて、大熊町大川原西平の石田宗昭氏のお宅を訪ねた。相馬市在住の相馬高校の後輩で元教師のS君も同道した。

大川原地区は、常磐線の西側の阿武隈山地寄りの地区である。訪問の目的は、志賀直哉が二十七歳のときに一泊した隠居所が、往時のまま残っているというので、それを見学することだった。

私が誘いを受けたのは、私が志賀直哉に関する論文やエッセーを、相馬郷土研究会の機関誌『相馬郷土』に時々書いていたからであった。

さて訪ねた石田家は、石田三成の末裔で、直哉の祖父直道の弟茂宗が婿入りした家である。当主の宗昭氏は茂宗の曾孫に当たる。訪ねたお宅は、庭先を小川の流れる、蔵や作業棟のある広壮な屋敷であった。

直哉が一泊したのは、明治四十三年八月七日の夜のことである。大叔父茂宗の葬儀に父直温の名代として出席するためにやって来た。このときの様子は、直哉の日記に書き残されている。

余談になるが、隠居所に使用されていた建物は、藩政時代の末期に、二宮尊徳の仕法に基づいて、住家として建てられた由緒ある建築物で、囲炉裏のある居間と座敷の二間から成っていた。建物は、内も外も、よく手入れされていて、訪ねたときも、現に隠居所として使用されていた。私たちは、その居間の方に案内され、囲炉裏を囲んで歓談することになった。

話が進んで、直哉関係の話にひと区切りつくと、宗昭氏に「ところで新妻さんは、『相馬方言考』の三男先生とはご関係がありますか」と訊かれた。三男は父なので、そう答えると、「それでは助宗さんとはご関係がありますか」と重ねて訊かれた。私は、一瞬、「むむ」と言葉に詰まったが、嘘をつくわけにはいかないので、うろたえながら「先祖です」と答えた。

うろたえたのは、前から子孫の名乗りは控えるべきだと思っていたからである。伝説は伝説として完結している。そこに生身の人間がぬっと顔を出して、子孫ですなどといっては、興醒めも甚だしいと思われたからである。

ところが、当の宗昭氏は、そんな私の気持を知る由もなく、私の答を聞くや、それなら話が早いといわんばかりに、さっと席を立たれて、近くの棚から一冊の本を取り出してきた。

「私たちが作ったものです」

表紙に大きな字で横書きに『おおくまの民話』とあった。内容は、題名のとおり、大熊町の民間に伝承されている説話を編纂した民話集である。

ユニークなのは、全文が土地の方言で書かれていることであった。宗昭氏が父の名を出した理由がそれで分かったような気がした。

そして、いわれるままにページをめくると、「助宗明神物語」の項があり、助宗一件が四ページにわたって述べられていた。当該民話の集大成版といえよう。

編集発行者は大熊町図書館で、発行年月日は前年の平成十九年三月三十一日であった。編集協力者として、大熊町生涯学習推進団体「ふるさと塾」の名があり、会員三十名の氏名が紹介されている。そして偶然というべきか、その塾長が石田宗昭氏であった。

最後の景観

偶然は重なるものらしく、志賀直哉から助宗の名が飛び出してきた日から間もなく、再び助宗に遇うことになった。平成二十年八月十三日付け「福島民報」の別冊付録の一面に、「助宗堤」が「助宗溜池」として、写真入りで大きく取り上げられていたのである。記事には「ふるさと塾」のメンバーの活動も織り込まれ、助宗堤をめぐる最新の情報が、現地取材の文章で紹介されている。

話の構造は同じなので、これまでの話と重複する部分が多いが、山麓の人々の日常生活が静穏に営まれていた頃の景観を伝える最後の文章ではないかと思われるので、これも全文を引用しておきたい。

田園と山林が広がる大熊町小良浜地区。海に程近い山の中に実話に基づく民話「助宗明神物語」の舞台・助宗溜池がある。水が満々とたまり、今年も周辺の田畑を潤している。

溜池は現在も地元唯一の農業用水として利用されている。古里の魅力を伝える活動を続ける「ふるさと塾」の鎌田清衛さん（66）は、子どもたちに溜池の主人公の物語を語り継いでいる。

江戸時代。農業用水の乏しい小良浜の村で、土木工事に詳しい新妻助宗という相馬藩士が藩命を受けて里に堤を造る工事に乗り出した。村人とともに日の出から日没まで土を盛り、一生懸命働いて溜池を完成させた。

完成後に検分のため訪れた藩の吟味役は「水がすぐに海に流れる」と工事に不備があると激怒。「謹慎し藩令を待て」と言い残し、説明も聞かずにその場を去った。助宗は「藩令が出ると村人に迷惑がかかる」と一人で責任を取って堤で無念の切腹をした。

その後、溜池のおかげで村の田畑に水が行き渡るようになり、村は少しずつ裕福になった。助宗の命を惜しんだ村人は、堤にほこらを建ててその霊を慰めた。

溜池は昭和六十年から平成四年にかけて改修された。「先人の苦労に対する感謝の気持ちは昔と同じ。その思いを伝えたい」と鎌田さんは語る。恩恵を受ける田畑は夏の日差しを浴びて葉を青々と茂らせ、実りの秋を待っている。

文・浅見公紀　　写真・古川伊男

記事にはガイドとして次の文章が付されている。

〈助宗溜池は二つの池で構成され、満水時の水面の面積は三・二ヘクタール。地元唯一の農業用水として周辺の田畑約二十ヘクタールを潤している〉

終章― 放射能に消え行く土木遺産と助宗明神

日常的時間の中の「助宗明神物語」は前章で終わりである。それから間もなく原発事故により世界は反転し、反転したまま時が過ぎている。地上から人の気配は失せ、土地の「物語」は滅びつつある。

※

平成二十三年（二〇一一）三月十一日、東北地方の沿岸部は、突如襲った地震と津波によって壊滅し、多くの人命と財産が失われた。あまつさえ大熊町やその周辺市町村の住民は、東京電力福島第一原子力発電所の爆発による放射能の飛散という更に深刻な災禍に見舞われることになった。

住民は命からがら故郷を脱出し、流民化した。そして三年が過ぎた。しかしこの間、除染や生活関連施設・サービスの復旧は期待どおり進まず、帰還は困難視されている。全町避難の続く大熊町の場合、復興庁が平成二十五年十月に実施した意向調査によれば、帰還意思のない住民が、六七・一パーセントに達している。

この数値は、住みなれた故郷を捨てざるを得ない、葛藤と絶望の数値である。今後帰還条件の整備が遅れれば、限り無く百パーセントに近づくことになろう。

住民の不在は、即ち認識する者の不在である。認識する者が地上から消えれば、地上に存在するあらゆる物が意味を失ってしまう。即ち助宗堤も助宗明神も、里人がその由来を認識しているからこそ、助宗堤であり、助宗明神であり、江戸時代の正徳年間に築造された土木遺産であった。

里人が消えれば、田畑は荒野となり、堤は藪山の中の巨大な水溜まりに過ぎなくなる。助宗神社の建物も、日ならずして、繁茂する草木の中で朽ち果てるだろう。そして、かつてそこに何があったのかを知る人も居なくなるだろう。

かくして、山麓に水を供給して、里人の生活を支えてきた土木遺産は、遺産と一体の助宗明神とともに、放射能の闇の中に消えようとしている。

徒手空拳の私は、大熊町の空に向かって、叫ぶのである。

「負けるな」

※

最期に私はこいねがうのである。帰郷を願っている人、帰郷を断念せざるを得ない人、これからこの世に生を享ける人、これらすべての人々に、私はこいねがうのである。何時の日にか、父祖の地を訪ね、かつてこの地に、三百年もの長い間、夢のように存在した、水と緑と小さな神社と里人の寄り添う慎《つつ》ましやかな風景を思い起こされんことを。そして風景の中を行き来した義に厚い祖先の面影とその陰徳をしみじみと偲ばれんことを。

引用及び主要参考文献

福島民報社編集局『続・道ばたの文化財』（福島民報社、一九七九年）
大熊町図書館『おおくまの民話』（大熊町図書館、二〇〇七年）
新妻三男『相馬方言考』（相馬郷土研究会、一九七三年）
福島民報社「福島民報」（二〇〇八年八月一三日付別冊付録一面「助宗溜池」）
児玉龍彦『内部被曝の真実』（幻冬舎、二〇一一年）
内山節『文明の災禍』（新潮社、二〇一一年）
山本義隆『福島の原発事故をめぐって』（みすず書房、二〇一一年）
福島民報社編集局『福島と原発』（早稲田大学出版部、二〇一三年）
阿部浩一他『ふくしま再生と歴史・文化遺産』（山川出版社、二〇一三年）
中西友子『土壌汚染』〈フクシマの放射性物質のゆくえ〉（NHK出版、二〇一三年）
寺島英弥『悲から生をつむぐ』――「河北新報」編集委員の震災記録300日――（講

談社、二〇一二年）
相馬行胤《みちたね》「『百年は戻れない』という覚悟を」（『新潮45』二〇一三年一一月号）
著者木田元、訳者マイケル・エメリック『対訳　技術の正体』（株式会社デコ、二〇一三年）
相馬市『衆臣家譜』巻十二（相馬市、二〇一〇年）
岩崎敏夫・佐藤高俊校訂、岡田清一校注『相馬藩世紀』第二（続群書類従完成会、二〇〇二年）
山本博文『切腹』（光文社新書、二〇〇三年）

あとがき

執筆を思い立ったのは、東日本大震災から一年が過ぎた平成二十四年の春だった。しかしそのあと、健康を損ねて度々中断した。そして今回ようやく形にすることが出来た。

片々たる小冊子であるが、書き終えて改めて思うことがあった。一つは、里人の行為に見る、日本人の義に厚い無私のこころのことである。無名の侍を祭ること三百年、その歳月を思えば感無量である。

次に、返す返すも残念に思うのは、貞観津波（八六九年）級の大津波の襲来が認識されていながら、防波堤の新規築造などの対策がとられなかったことである。

三つ目は、原発の技術は未だ途上の技術で、人間が完全に制御出来る域に達していないのではないかということである。

縁あって何回か訪れたことのある大熊町の現状を思うと胸が潰れる。町民の方々の生活の再建が一歩でも前進することを心からお祈りしたい。

この本の上梓に際しては、多くの方々にお世話になっている。とりわけ「福島民報」の記事並びに発行図書からの引用を快諾された福島民報社に対し厚く御礼申し上げたい。

本作りについては、金港堂出版部の菅原真一氏と担当の皆さんにお世話になった。心から謝意を表したい。金港堂さんには、三年前の『志賀直哉』のときもお世話になり、今回が二度目である。

平成二十六年十一月三日

仙台にて

新妻郁男

著書略歴
新妻郁男（にいつま・いくお）
昭和6年（1931）福島県に生まれる。東北大学経済学部卒業。仙台市職員、仙台市市民文化事業団副理事長、仙台市環境整備公社社長。現在、相馬郷土研究会会員、「日曜随筆」〈仙台〉会員。
著書に『檸檬と電車』、『相馬を父祖の地とする作家たち』、『志賀直哉』、『花の山旅』などがある。

助宗明神私記《すけそうみょうじんしき》
2015年3月21日発行

著　者　新　妻　郁　男
発行者　藤　原　　直
発行所　株式会社金港堂出版部
仙台市若林区卸町二丁目11番地の7
電話　仙台（022）232-0201（代表）
FAX　仙台（022）232-0202
印刷所　笹氣出版印刷株式会社

ISBN978-4-87398-104-8